Frauen und Weltpolitik

Von

L. Nießen-Deiters
in Bonn

1915
A. Marcus & E. Webers Verlag (Dr. jur. Albert Ahn) in Bonn

Druck: Otto Wigand'sche Buchdruckerei G. m. b. H., Leipzig.

Keine Zeit könnte ernster, nachdrücklicher und eindringlicher für die Notwendigkeit der denkbar besten *Schulung* auch der Frauen eintreten als diese Zeit der ungeheuren Hochspannung, die wir heute erleben. Keine Zeit auch könnte anschaulicher die segensreiche Rückwirkung auf den Staat dartun: Wo Männer knapp werden, müssen Frauen eintreten; und es ist ein ermutigendes und anfeuerndes Bewußtsein, daß trotz der verhältnismäßig kurzen Zeit der besseren Frauenschulung an so und so vielen Stellen schon heute Frauenarbeit vollwertig in entstehende Breschen einspringen konnte. Man braucht nur auf die soziale Fürsorge zu sehen — auf die Lazarette, die Schulen, die Presse, auf die massenhafte Erteilung von Prokuren an Frauen an Stelle der eingezogenen Männer und ihre selbständige Betätigung in Handel und Gewerbe.

Keine Zeit könnte ferner auch eindringlicher und schärfer die Notwendigkeit der besseren *Schulung* der Frauen auf *politischem Gebiet* predigen als diese Zeit, in der Millionen von Frauen politische Notwendigkeiten begreifen *müssen*, diese Zeit, in der plötzlich von Millionen von Frauen gefordert wird — gefordert werden muß! —, die notwendigen Maßnahmen und Vorschriften nicht nur stillschweigend hinzunehmen und zu erfüllen, sondern sie ihrem *Geiste nach zu erfassen*, wenn irgend diese Maßnahmen die notwendigen Zwecke voll und ganz erfüllen sollen. Es bedarf in Zeiten wie diesen nicht des Hinweises darauf, daß es Pflicht der Frauen ist, sich in die Notwendigkeiten der Zeit hineinzuarbeiten. Und es würde einen im höchsten Grade unvornehmen Geist verraten, wollten die Frauen eine Zeit wie diese ausnutzen, um etwa gerade jetzt auf die mit dieser Pflicht unlöslich zusammenhängenden Rechte zu pochen. Ich will hier nicht von Rechten, ich will von Pflichten sprechen. Aber ich kann das doch nicht tun, ohne die Rechte wenigstens so weit zu streifen, als nötig ist, um zu Eingang dieser Betrachtung einen bestimmten Gesichtswinkel festzulegen.

Ich persönlich habe nie begriffen, wie man über die politischen Rechte einer Frau logischerweise überhaupt noch streiten kann, sobald diese Frau als Staatsbürger die gleichen Pflichten erfüllt wie ein männlicher Kollege. Es wird auch immer und jederzeit lächerlich und grotesk sein und bleiben, wenn meinetwegen einer Frau, die ihr Staatsexamen gemacht hat, in staatlichem Solde die Jugend erzieht und pünklich ihre Steuern zahlt, nach Schema F nicht die gleiche Einsicht in Wahlangelegenheiten zugestanden wird wie etwa irgendeinem versoffenen Gelegenheitsarbeiter, der mehr aus Zufall denn aus Verdienst bislang nicht allzu heftig mit dem Strafgesetzbuch in Konflikt gekommen ist. Selbst heute, nun die Blüte unseres Landes draußen vorm Feinde steht, selbst heute, nun die militärischen Leistungen unseres Volkes im Vordergrunde unseres Bewußtseins stehen, selbst heute kann auch nicht zugegeben werden, daß die einseitige Verteilung der politischen Rechte etwa durch die Wehrpflicht des Mannes ausreichend begründet wäre. Danach dürfte der Militärfreie keine anderen Rechte — oder vielmehr Nichtrechte — haben als die Frau. Der Wehrpflicht aber auf die Gesamtheit der männlichen Bevölkerung angerechnet, ohne Ansehung der einzelnen Person, steht auf der weiblichen Seite — wiederum ohne Ansehung der einzelnen Person — die Mutterschaft weiß Gott vollwertig gegenüber. Wenn heute von vielen Seiten auch ein weibliches Dienstjahr gefordert wird, so ist das vom Standpunkte der besseren körperlichen und staatsbürgerlichen Ausbildung der Frau zu begrüßen — für eine Begründung der staatsbürgerlichen Rechte und Pflichten der Frau ist es für mein Empfinden nicht erforderlich. Es ist nicht einzusehen, warum die Seite, die den Staat erhält, minder eingeschätzt werden sollte als die, die ihn beschützt. Das sind Dinge, die hundertmal durchgedacht und ausgesprochen worden sind. Wenn ich sie hier wiederhole, tue ich das, wie gesagt, lediglich, um zu Anfang grundlegend den Gesichtswinkel zu bestimmen, unter dem das folgende betrachtet werden soll. Ich persönlich glaube an die Entwicklung der politischen Frauenrechte auf dem natürlichsten Wege, eine Entwicklung, die man nicht überstürzen, nicht ungesund vorwärts hetzen sollte, die andererseits aber auch nicht aufgehalten werden kann. Man soll ihr unbedingt die notwendige Wachstumszeit lassen — wenn man auch inzwischen durchaus nicht gleichgültig die Hände in den Schoß legen, sondern die Pflanze, die da gesund und natürlich wachsen soll, mit kluger und ruhiger Umsicht pflegen soll.

Beides, Pflicht und Recht, wollen nun aber auch ein klar bestimmtes Ziel haben. Wenn man eine Pflicht auszuüben bereit ist — wenn man ein Recht einfordert, so tut ein denkender Mensch das doch nicht einfach, um beides zu haben, sondern er muß auch wissen, was er damit anfangen will, und in welchem Sinn er es benutzen will. Er braucht nicht nur eine praktische, sondern auch eine sittliche Begründung — er braucht nicht nur eine Notwendigkeit, er braucht auch ein ideales **Ziel**. —

Und was diesen Punkt angeht, gestehe ich, daß mir vor dem Kriege — abgesehen von den unmittelbaren wirtschaftlichen Zielen — die Orientierung zum mindesten zu schwanken schien. Ich erinnere mich, daß ich aus einer Frauenstimmrechtsversammlung nach Hause gegangen bin mit der innerlichen Frage: Wollen diese Frauen das einmal erlangte Stimmrecht nun in erster Linie als Frauen — also als eine ganz internationale Menschenklasse — als deutsche Staatsbürgerinnen — oder aber als Anhängerinnen bestimmter Fraktionen gebrauchen? Ich gebe gern und bereitwilligst zu, daß die Ursache zu dieser Frage in persönlicher minderer Begriffsfähigkeit gelegen haben mag. Wie ich auch aufs bereitwilligste zugebe, daß ich vermutlich im Punkte der Parteipolitik ein wahres Waisenkind bin. Da man ja aber in dieser Welt immer mit einem größeren Prozentsatz der minder Begriffsfähigen rechnen muß, ist zu vermuten, daß es noch mehr Leute gibt, die diesen Mangel an Bestimmtheit in der Orientierung empfunden haben.

Ich würde, daran anschließend, durchaus begreifen, daß die schärfsten und von ihrem Standpunkte aus berechtigtesten Einwände gegen das Frauenstimmrecht beispielsweise aus einer Unsicherheit über den ersten Punkt heraus gemacht werden könnten. Einwände, die ich unter Umständen voll und ganz teilen würde. Sie stützen sich auf eine zu starke Betonung der Internationalität der Frauenbestrebungen und gleichen in diesem Punkte den Einwänden, die der Staatsfreund gegen eine bestimmte Art der Internationalität der Sozialdemokratie erhebt. Ich beabsichtige auf keine Weise, hier und namentlich zu dieser Zeit, eine Kritik über die tatsächliche Berechtigung oder Nichtberechtigung dieser Einwände. Um so weniger, als abgesehen von der vortrefflichen nationalen Haltung sowohl der Frauen jeder Richtung als der Mehrzahl der Sozialdemokratie, gerade die Notwendigkeit des Umlernens von verschiedenen berufenen Vertretern, beispielsweise der Sozialdemokratie, ehrlich und ritterlich betont worden ist. Aber ich möchte doch darauf hinweisen, wie eng nebeneinander bei derartigen internationalen Beziehungen das vom Staatsstandpunkte nützlich-erwünschte und das tatsächlich staatsgefährliche liegt. Vielleicht kann ich mit einem Gleichnis am leichtesten ausdrücken, was ich meine.

Denken Sie sich eine Anzahl menschlicher Körper samt den jeweils dazu gehörenden rechten Händen. Diese rechten Hände nun würden untereinander eine Verständigung anstreben, um — meinetwegen durch den regen Austausch ihrer Erfahrungen — die Leistungsfähigkeit der rechten Hände als solcher in der Gesamtheit zu heben und zu entwickeln. Ein solcher Austausch müßte den sämtlichen Körpern hochwillkommen sein. Kein einzelner könnte ja seiner einzelnen rechten Hand die Summe dieser Erfahrungen vermitteln, die bessere Entwicklung der einzelnen rechten Hand würde für jeden einzelnen Körper von unbedingtestem Vorteil sein, und der Körper, der seiner rechten Hand die Verständigung mit fremden rechten Händen verwehrte oder erschwerte, würde höchst töricht und gegen sein eignes Interesse und gegen das Interesse der Gesamtheit der Körper handeln.

Nun aber gesetzt, die rechten Hände schlössen sich zusammen, um gegebenenfalls in irgendeiner Form einen Druck auf einen oder mehrere Körper auszuüben. In diesem Falle könnte kein Körper zu tadeln sein, der sich einer solchen Verbindung aufs schärfste widersetzte; sie stellt für den einzelnen Körper die allerschwerste Gefahr dar: der einzelne Körper könnte sich im Fall der Not nicht mehr auf seine eigene rechte Hand verlassen. — Die rechten Hände ihrerseits würden im Falle von Schwierigkeiten zwischen den Körpern in Verwirrung geraten: Zu wem sie zu stehen haben? Zum Bund der rechten Hände oder zum angestammten Körper? Vielleicht würden sie in dieser Stunde einsehen, daß die Vereinigung auch noch so vieler rechter Hände doch noch immer keinen normalen Körper ergeben kann. Aber bis sie sich zu dieser Einsicht durchgerungen hätten, wäre möglicherweise der angestammte Körper inzwischen mangels einer tatbereiten rechten Hand totgeschlagen worden. — Und mit dem toten Körper würde dann auch die rechte Hand verwesen, da sie ja nun doch einmal eines seiner Glieder ist. — Setzen Sie das Wort Staat an Stelle des Wortes Körper: Internationale Verständigungen von gleichartigen Teilen verschiedener Staaten können auf jede Weise allen Beteiligten einschließlich des Staats nur von größtem Nutzen sein. Internationale Verbände aber mit dem mehr oder minder versteckten Zweck, irgendeinen Druck auf den einzelnen Staat auszuüben, sind und bleiben, vom Standpunkte des Staats aus — staatsgefährlich, weil möglicherweise schwächend gerade im entscheidenden Augenblick der Not.

Ich möchte an dieser Stelle noch etwas kurz streifen, das zu Unklarheiten, für mein Empfinden sogar zu Unehrlichkeiten führen kann, wenn auch zu unbewußten Unehrlichkeiten. Und das ist die unmittelbare Verquickung wirtschaftlicher und politischer Ziele mit moralischen und ethischen Menschheitsidealen. Namentlich bei internationalen Beziehungen wird mit Vorliebe damit gearbeitet, und es läßt sich nicht leugnen, daß sich diese großen Begriffe in Volksreden gut machen und selten ihren Zweck verfehlen. Ebensowenig läßt sich leugnen, daß gerade bei internationalen Beziehungen die Verbindung zwischen Einzelziel und Menschheitsideal zuweilen sehr verzwickt und schwer reinlich auseinander zu halten ist. Nichtsdestoweniger muß man diese reinliche Scheidung aber aus Gründen der Klarheit und Ehrlichkeit zum wenigsten anstreben.

Es gibt zweifellos Dinge, die im eigentlichen Sinne des Wortes international sind, trotzdem selbst sie die beste Kraft nur zu oft aus nationalen, oder sagen wir: heimischen Wurzeln saugen. Dinge, deren Sinn auf eine Vervollkommnung der Menschheit hinausläuft und die aus diesem Grunde keinerlei Landesgrenzen zu kennen und zu achten brauchen. Kunst, Wissenschaft, Religion gehören dazu. — Wenn wir aber von d i e s e n Begriffen zu irgendeinem bestimmten Streben nach politischen Rechten hinüberspringen, dann müssen wir, wenn wir ehrlich sind, einen klaren Strich ziehen. Das gesunde Streben nach einem politischen Recht bezweckt eine bestimmte politische M a c h t , und es ist unehrlich, das verschleiern zu wollen oder mit Begriffen zu verbrämen, die nicht unmittelbar dazu gehören. Daran wird auch durchaus nichts geändert durch den Umstand, daß man etwa den festen Willen hat, die einmal erlangte politische Macht zur Förderung von Menschheitsidealen zu verwenden. E r s t e s Ziel moralischer und ethischer Bestrebungen ist M e n s c h h e i t s v e r b e s s e r u n g — e r s t e s Ziel politischer Rechte ist p o l i t i s c h e M a c h t. Das schließt die gedeihliche gegenseitige Befruchtung nicht aus — im Gegenteil! —; die Beziehung bleibt aber doch die zweier in sich abgeschlossener Begriffe. Die unklare V e r q u i c k u n g dieser beiden Begriffe: Streben nach M e n s c h h e i t s w e r t und Streben nach politischer M a c h t ist mir, um es wieder in einem Bilde zu geben, immer vorgekommen wie ein Kalb mit zwei Köpfen. Ich halte zwei Kälber mit je einem Kopf für das gesündere. Es kann ja sein, daß das eine Kalb ein Stier, das andere eine Kuh wird und die beiden in ausgewachsenem und fertigem Zustand eine höchst ersprießliche Ehe miteinander eingehen — während das zu Anfang vielleicht bedeutend mehr angestaunte Kalb mit zwei Köpfen bestenfalls noch eine Zeitlang in ausgestopftem Zustande als Kuriosum fortbesteht. Es ist ein ziemlich billiges Vergnügen, urteilslose Mengen mit schön klingenden Schlagworten von Menschheitsidealen zu politischen Zwecken zu ködern. Für ernsthaft und ehrlich Strebende ist es aber, wie gesagt, wohl würdiger und vernünftiger, die Begriffe reinlich und ehrlich zu scheiden. Man kann sehr wohl ein edler und guter Mensch sein — ja der edelste, der beste Mensch, moralisches Vorbild für die ganze Menschheit, ohne die Spur von einem politischen Recht. Aber ein tätig freier Mensch kann man nur werden mit politischen Rechten, mit der Macht, sich den nötigen Wirkungsraum und die nötigen Wirkungsmöglichkeiten zu verschaffen. Tätig-freies Wirken aber ist ein berechtigtes Streben jedes gesunden Körpers. —

Kehren wir nach dieser kleinen Randbemerkung zum Staat und zur Internationale zurück. —

Diejenige Form der Internationale, die dauernd und allgemein angestrebt werden muß — daran ändert auch dieser Krieg mit seiner Flut von Haß und Übelwollen nichts — das sind die Verständigungen von S t a a t zu S t a a t, nicht die internationalen Verbände e i n z e l n e r, jeweils aus dem Zusammenhang herausgerissener Staats t e i l e. Man sollte nicht aus irgendeiner unorganischen Verbindung von Einzelteilen auf die Staaten, sondern die Staaten als solche sollten durch vernünftige Verständigung auf eine Gedeihlichkeit internationaler Wechselbeziehungen hinarbeiten. Der Staat also muß das Primäre, das Grundlegende sein — die zweckmäßige Verständigung der Staaten untereinander zum Wohle aller das Sekundäre, die Folgeerscheinung. Die Einwirkung, der Druck einer aus losgerissenen Einzelteilen bestehenden Internationale auf die Staaten könnte außerdem wohl nur dann wirklich segensreich oder erfolgreich sein, wenn alle diese Staaten über einen Kamm geschoren werden könnten. Wie wenig *das* aber auch auf ziemlich ferne Zeiten hinaus möglich sein wird, das sehen wir doch gerade jetzt zur Genüge. Da sind alte und junge, morsche und starke Staaten; da sind die denkbar unterschiedlichsten staatlichen Lebensnotwendigkeiten, Wünsche, Ehrgeize — abhängig von völkischen, geographischen, geschichtlichen Eigentümlichkeiten. Eine Gleichmachung der Staaten würde eine ähnliche Utopie sein wie eine Gleichmachung der Menschen. Es ist, Gottlob, eine Utopie. Wäre sie jemals durchzuführen, so würde das den Tod aller Entwicklung bedeuten; allgemeine Gleichmachung heißt Stagnation, und Stagnation heißt Tod. Leben heißt: *freier Wettbewerb der Kräfte*. Daß das nicht in Raub und Mord ausarte, dafür bedarf es der vernünftigen Verständigung auf sittlicher Grundlage zwischen Menschen und Staaten, und zwar nicht der von außen aufgezwungenen, sondern der von innen heraus sich ergebenden. Das heutige England ist ein Monstrum, nicht weil es seine Stärke gebraucht hat und gebraucht, auch nicht wegen des Wortes irgendeines einzelnen Mannes, etwa wie des Lord Fisher: „Might is right" — denn das ist im Grunde eine Phrase wie so viele andere — sondern weil es mit allen Mitteln den freien Wettbewerb auf anständiger Grundlage unterbinden möchte, da, wo es die eigene gesunde Kraft schwinden sieht. Unter den anständigen Grundlagen möchte ich aber diejenigen Vereinbarungen von Staat zu Staat verstanden wissen, die den Wettbewerb aus sittlichen Grundsätzen heraus so regeln, daß das freie Spiel der Kräfte eben ein ritterliches Spiel der Kräfte, nicht aber ein gegenseitiges Sich-Totschlagen heißt. Gewiß hat für die Zukunft dasjenige Volk die meisten Aussichten, das zugleich das nationalste und internationalste ist: das in sich selbst unerschütterlich einig, gleichzeitig aber über alle anderen Völker so gut unterrichtet ist, daß es aus sich selbst heraus für sittliche und zugleich zweckmäßige Vereinbarungen einerseits verständnisvoll genug, andererseits kraftvoll genug eintreten kann.

Wenn wir uns nun also darüber klar sind, daß über die wirtschaftlichen Notwendigkeiten hinaus das ideale Endziel anzustrebender politischer Rechte und Pflichten der Staat im nationalen Sinne sein soll, wenn wir uns darüber klar sind, daß wir nicht durch internationale Verbände einzelner Staatsteile auf den Staat drücken, sondern durch einen kräftigen und gesunden Staat auf die Verständigung mit anderen Staaten hinarbeiten wollen, dann taucht als nächstes die Frage auf: Welches werden denn nun die Aufgaben sein, die unser Staat — unser liebes deutsches Vaterland, die unsere eigene große Zeit an uns stellen. Und schon taucht eine neue Klippe auf, in Friedenszeiten vielleicht unterschätzt, und doch in ihrer Art vermutlich nicht weniger staatsgefährlich als zu weitgehende nationale Abmachungen einzelner Staatsteile: das zu weitgehende Fraktionswesen. —

Ich habe eben von der Notwendigkeit des Spiels der freien Kräfte und der Unsinnigkeit einer öden Gleichmacherei gesprochen. — Das soll hier weder widerrufen noch eingeschränkt werden. Ich denke nicht daran, so etwas wie eine allgemeine Gleichmacherei der Gesinnung zu predigen; der liebe Gott soll uns davor bewahren! Gesundes Leben auch innerhalb einer Nation bedarf einer gewissen Reibung, um der Stagnation zu entgehen, und schon aus diesem einfachen Grunde sind mehrere Kreise immer nützlicher als einer, völlig abgesehen von der wirtschaftlichen Notwendigkeit mehrerer Kreise. Aber zuviele tun ebenso sicher die gegenteilige Wirkung: zuviele Kreise schwächen das Ganze, weil sie über dem allzu spitz ausgetüftelten Einzelinteresse schließlich die große Linie der Gesamtheit aus dem Auge verlieren müssen. — Man denke doch nur an unseren gesunden, lebendigen Staatenbund von heute mit der bestimmenden Richtlinie des einigen Deutschen Reichs. Wir könnten freilich ja auch heute ohne Schaden noch ein paar Westentaschenstäätchen weniger haben. Aber es ist gar nicht zu leugnen, daß die Dezentralisierung, diese eigentümliche Zusammensetzung aus mehreren wetteifernden Staatsgebilden dem Reich ein ganz besonders gesteigertes Leben verschafft hat. Eine Reihe von Hauptzentren mit den davon ausstrahlenden Lebenskräften statt eines alles verschlingenden Wasserkopfes sorgen entschieden für eine sehr viel gleichmäßigere und vielseitigere Verteilung der Bildungs- und Entwicklungsmöglichkeiten über das ganze Land, für eine viel gleichmäßigere Entwicklung des Volkes bis in die entferntesten Zipfel. Und der Wettbewerb der Einzelstaaten untereinander ist ein beständiger Stachel gegen Schlendrian und geruhsames Dahindösen. Dagegen halte man aber die in sich zerfallene ohnmächtige Kleinstaaterei des ehemaligen Deutschland mit seinen endlos vielen kleinen Residenzchen voll Miniaturwichtigkeiten, voll Grenzpfähle, voll von überflüssigem, halb lächerlich, halb wehmütig stimmendem kleinen Krimskrams. — Es schien aber leider, daß wir Deutschen mit einer tiefeingewurzelten Neigung für diesen Kleinigkeitskram erblich belastet waren: denn kaum waren wir diese politische Kleinstaaterei in ihrer schlimmsten Form los, da entwickelte sich innerhalb des Fraktionswesens eine geistige Kleinstaaterei, wie sie kaum unausstehlicher gedacht werden konnte.

In meiner heftigen Abneigung gegen das Fraktionsgezänk weiß ich mich beruhigend eins mit dem Mann, der dem Reichsgedanken am treuesten gedient, dem zielbewußtesten Politiker, den Deutschland je hervorgebracht hat — mit Bismarck. Dem Manne, der in seiner starken Hand die Fäden nicht nur der deutschen, sondern der ganzen damaligen europäischen Politik hielt, und der als Greis diese öde Kleinigkeitskrämerei über sich ergehen lassen mußte. Was für ein jämmerliches Schauspiel: nach der glorreichen Einigung des Reiches dieses wichtigtuende Gerede nicht nur über Parteien, nicht nur über Fraktionen — nein, über jede leiseste Schattierung noch einmal besonders! Und während all diese Parteien und Parteichen sich erbittert über Nebensachen stritten, ihre Kräfte aufbrauchend in gegenseitiger Anfeindung statt in gegenseitiger Verständigung — währenddes wurde ihnen vom Ausland so manche Nase gedreht — währenddes überhörten so viele über dem Gequietsch und Geknarre des Parteikarrens die Anzeichen der ungeheuren Umwälzungen, die sich draußen vorbereiteten, deren Anfänge wir erschüttert erleben — zu denen selbst dieser Krieg, so ungeheuer er ist, nur den Auftakt bedeuten wird. Wir zankten uns noch über Parteianschauungen — wir trieben noch Fraktionspolitik zu einer Zeit, in der selbst die europäische, in der die Länderpolitik zu wanken begann, in der sich die Erdteilspolitik künftiger Weltgeschichte ankündigt. Und wir haben nur den einen schmerzlichen Trost, daß unser ganzer Erdteil, daß das alte Europa im großen genommen nicht viel gescheiter ist: es zerfleischt sich in sich in einem Augenblick, wo es anfangen müßte, Erdteilspolitik oder doch wenigstens Kontinentpolitik zu treiben. —

In dieser Zeit, zur Zeit dieser gewaltigen Wende, während derer die alte europäische Politik in Blut und Pulverdampf zusammenbricht, während derer die Politik großen und größten Stils — wie gesagt, die Erdteilspolitik künftiger Weltgeschichte sich ankündigt, in dieser Zeit haben die deutschen Frauen zum erstenmal in organisierten Mengen ihren Anteil an der Politik verlangt.

Sie haben es — trotz ihrer bisherigen Rechtlosigkeit — in einer Weise besser als ihre männlichen Kameraden: sie werden nicht soviel zu vergessen brauchen. Sie können neu lernen statt umzulernen.

Die große Frage ist nun: Werden sie es tun? Werden die Frauen das Brausen des ungeheuren Sturmes richtig deuten, der über uns wegfegt? Werden sie in dem Augenblick, in dem es sich darum handelt, ob Deutschland in der kommenden Neuordnung der Welt seinen würdigen Platz behauptet, werden sie in diesem Augenblick scharf und klar ihre Orientierung zu dem zunächst zu erstrebenden Ziel nehmen? Werden wir nach dem Kriege eine weibliche Neuauflage männlicher Torheiten erleben, sei es in der Richtung internationaler Utopien, sei es in der Richtung kleinlichen Fraktionsgekläffs? Oder werden die deutschen Frauen ihrerseits entschlossen in die Arena eintreten als **deutsche Weltbürgerinnen?** Werden die deutschen Frauen ihre politische Laufbahn anfangen mit dem entschlossenen Willen zur deutschen Weltpolitik? — Werden sie, die jung und neu auf den Plan treten, das volle und klare Verständnis für die Notwendigkeit der geschlossenen Front nach draußen mitbringen? Werden sie, im echtesten und vornehmsten Bürgersinn, **den Staat** als Losung auf ihren Schild schreiben und alle persönlichen Wünsche, Ehrgeize, Forderungen dem einen großen Ziel unterordnen: **der gedeihlichen Entwicklung des Deutschen Reiches,** dieses Mittelpunktes des weißen Erdteiles?

Das erfordert viel Selbstzucht und viel Opferwilligkeit. Namentlich für den, der noch innerhalb des Staates um berechtigte Rechte kämpft. Denn es heißt, unter Umständen zeitweilig auch die berechtigtesten persönlichen Wünsche der notwendigen geschlossenen Front nach draußen zum Opfer zu bringen. Jetzt, während des Krieges, unter dem Druck der allernächsten und allergreifbarsten Notwendigkeiten, unter der Einwirkung der gewaltigen Gemütserschütterungen dieser Monate, erscheint uns nichts selbstverständlicher als das. Aber mit dem Frieden, mit der Wiederkehr des normalen Lebens werden auch normale Wünsche und normale Forderungen wiederkehren. Die staatlichen Notwendigkeiten werden zwar auf keine Weise kleiner werden; aber sie werden wieder etwas weiter aus dem Gesichtswinkel des Einzelnen wegrücken. Für diese kommende Zeit muß deshalb das Heute, müssen die Erfahrungen von heute die Richtlinien festlegen.

Denn auch mit der größten Opferwilligkeit und Selbstzucht allein ist es nicht getan. Es ist auch eine weitestgehende Schulung für die auswärtigen Interessen des Reiches erforderlich, eine Schulung, die Zeit und Kraft braucht.

Ich bin mir durchaus bewußt, damit gar nichts Neues zu sagen. Die Notwendigkeit einer besseren Kenntnis der auswärtigen Interessen des Landes hängt in der Luft. Bei der Beratung des Kultusetats am 3. März im Preußischen Abgeordnetenhause wurde beispielsweise schon betont, daß in den Schulen mehr Gewicht auf Erdkunde und Geschichte gelegt und besser über die Verhältnisse des Auslandes unterrichtet werden müßte — ein sehr erfreuliches Symptom. Diese bessere Kenntnis über die Verhältnisse des Auslandes muß eine der Grundlagen der künftigen deutschen Politik sein; ohne diese Kenntnis werden auch politisch tätige Frauen auf keine Weise mehr auskommen.

Und nun Hand aufs Herz: Was haben wir deutschen Frauen — auch die politisch tätigen — Positives vom Ausland in seinem Verhältnis zum Deutschen Reich gewußt? Was haben wir Positives auch nur von den europäischen Fremdländern gewußt — von den Überseeländern noch ganz zu schweigen?

Wir haben jede fremdländische Kunst, jede fremdländische Mode gepflegt, oft unter Hintanstellung deutscher Leistungen auf gleichem Gebiet: über die politische Gesinnung der Länder, von denen wir unsere Kunst und unsere Mode bezogen, über die Ansichten, die diese Länder von Deutschland hatten, waren wir in beschämender Unwissenheit. Mit zunehmendem Wohlstand im Reiche haben wir begonnen, alle möglichen Länder zu bereisen: Haben wir dabei auch nur die völkischen

Zusammensetzungen dieser Länder beobachtet? Wir haben Delegiertinnen zu internationalen Frauenkongressen geschickt und dabei vielleicht stolz von einer weltumspannenden Schwesternschaft aller Frauen der ganzen Welt geredet. Und was haben wir, Hand aufs Herz, von unseren eigenen deutschen Schwestern im Auslande gewußt? Von ihren Nöten und Freuden, ihren Wünschen und Bedürfnissen? Wir sind stolz gewesen über den internationalen Zusammenschluß aller Frauen über die ganze Welt. Was im Sinne der Frauen als solcher möglich war: dieser Zusammenschluß über die Erdteile weg — im nationalen Sinne ist es bisher nicht möglich gewesen. Ich sage: bisher. Denn während ich mir noch vor zwei, drei Jahren mit solchen Anregungen wie ein Prediger in der Wüste vorkam, während mein diesem Ziel gewidmetes Buch „Die deutsche Frau im Auslande und in den Schutzgebieten" (Verlag Egon Fleischel & Co. in Berlin) bezeichnenderweise in Männerkreisen ein lebhafteres Echo fand als in Frauenkreisen, mehren sich doch jetzt die Anzeichen, daß eines Tages auch dies möglich sein wird: Ein Zusammenschluß deutscher Frauen über die Erdteile weg.

Gerade jetzt in diesen unseren Tagen sind — wenn auch in kleinerem Maßstab, auf ein einzelnes Land beschränkt und mit einem bestimmten Ziel — nordamerikanische Frauen mit gutem Beispiel vorangegangen. Eine Liga nordamerikanischer Frauen deutscher Abstammung, unter dem Vorsitz von Fräulein Edith Reiffert in Neuyork, hat sich zusammengeschlossen, um durch die Veranstaltung guter Vorträge in den Vereinigten Staaten Gerechtigkeit für die deutsche Sache zu verlangen. Auch im feindlichen Frankreich haben sich die Frauen geregt: Unter dem Vorsitz einiger Ministerfrauen hat sich dort eine Vereinigung gebildet, um von seiten der Frauen einen internationalen Pressefeldzug gegen Deutschland einzuleiten, den sie „Croisade française" nennen. Beides sind Augenblicksschöpfungen — der Stunde entsprossen und kaum über den jetzigen Krieg hinaus berechnet. Was mir vorschwebt, ist **ein internationaler Bund deutscher Frauen als etwas Dauerndes, mit einer Zentrale in Deutschland selbst**, der sich Inland- und Auslanddeutsche, körperschaftlich in geschlossenen Verbänden oder auch einzeln anschließen müßten, zum Zwecke eines regen Erfahrungsaustausches, des gegenseitigen Rates und der gegenseitigen Hilfe.

Ich kann mir nicht versagen, in diesem Zusammenhang ein paar Verse anzuführen, die mir aus Nordamerika geschickt wurden. Sie stammen von einer deutschen Frau in Kalifornien, haben vielleicht sachlich nichts mit dem hier behandelten Gegenstande zu tun. Aber ich wüßte nicht, wie man in schlichterer und zugleich ergreifenderer Weise begreiflich machen könnte, wie aufnahmebereit auch die Herzen der deutschen Frauen draußen heute für eine engere Verbindung mit der alten Heimat sein würden.

Wolken ziehen oben vorbei,
So wie drüben im Monat Mai:
Vom hellsten Licht zum weichen Grau,
Flockig am tiefen Himmelblau.
Ich winke ihnen mit blasser Hand:
Wolken! Kommt ihr vom Vaterland?
Oder — Wolken! zieht ihr dahin? —
O, könnt ich mit euch hinüberflieh'n!

Ich liege und starre zum Wolkenflug,
Und ich sehe — wahrlich, es ist kein Trug —
Gesichter dort oben von Jungen und Alten
Kommen, vergehen und neu sich gestalten....

2*

Deutsche Gesichter — so totenweiß —
Gebrochene Augen — einst haßglühend heiß
Geborstene Stimmen — zerschmetterte Wangen,
Geöffnete Lippen, die sterbend noch sangen!
Einer am Arm seines Kameraden,
Einer mit seinem Freunde beladen ....
Endlos — endlos sind ihre Reihn ....
Sieger! Sie ziehen in Walhall ein ....

Mir klopft das Herz schier zum Zerspringen —
Tönt nicht ans Ohr mir ein fernes Singen?
Sanft wie Seufzen? Dann brausender Klang?
Heil'ger Begeisterung jubelnder Sang?

Ich liege und starre und lausche empor.
Deutsche Hymnen höret mein Ohr,
Deutsche Helden schauet mein Blick —
Alle, die starben im wahrsten Glück.
Denn aus ihrem Blute, das sterbend sie säen,
Soll Deutschlands Freiheit herrlich erstehen! — —

Ich schließe die Augen in wildem Schmerz:
Hinwerfen möchte auch ich mein Herz!
Auch ich bin deutsch, auch ich will dort sein!
In jenen fernen, blutigen Reih'n.
Auch ich möchte säen für heiligstes Gut
Meines deutschen Herzens heißes Blut! —

Wolken ziehen oben vorbei,
Flockig und hell — wie drüben im Mai — — —
Ich winke ihnen mit blasser Hand
Vom Krankenlager — im feindlichen Land. —

Ich glaube, das sind keine Phrasen, das ist ein Symptom. Wie mir ein Deutscher aus Neuyork schrieb: „Das einige, stolze deutsche Nationalgefühl wird heute erst geboren; 1870 war nur das Vorspiel dazu!" Möchte dann dies stolze, einige Nationalgefühl auch die deutschen Frauen der ganzen Welt einander näher bringen. Nichts könnte erzieherischer sein für eine praktische internationale Schulung im nationalen Sinne — also im Sinne deutscher Weltpolitik. Wie soll ein Volk große Weltpolitiker hervorbringen ohne den Nährboden weltpolitischer Ideen? Ohne daß weltpolitische Ideen Gemeingut der Nation geworden sind? Und wer kann berufener sein, diesen Nährboden zu beackern, als die Mütter und Erzieherinnen der jungen Generation? — Bis erst einmal ein internationaler Zusammenschluß aller deutschen Frauen und Frauenverbände zur Wirklichkeit erwacht, möchte ich jeder deutschen Frau, und ganz besonders jeder Mutter und Jugenderzieherin eine gute klare Welt- und Völkerkarte schenken! Und sie sollte begreifen, daß das für unsere jetzige Generation so ziemlich das notwendigste Requisit ist. Sie sollte lernen, mit Selbstverständlichkeit sich darauf zu Hause zu fühlen, sie sollte lernen, die natürlichen Notwendigkeiten der einzelnen Länder, Völker und Erdteile daraus zu lesen, sich — zum mindesten in großen Zügen — ein Bild von ihren Ehrgeizen und Wünschen, ihren Plänen und Zukunftsträumen zu machen. Um zu begreifen, welche Stellung Deutschland im Kreise dieser Länder und Völker einnimmt, welche Notwendigkeiten sich für Deutschland im Verkehr mit den Fremdvölkern ergeben, welche Ehrgeize, welche Wünsche von Fremdländern für Deutschland eine Gefahr oder aber eine Zukunftsaussicht enthalten. Es ist die schöne und große Aufgabe deutscher Frauen, ihren Kindern, ihren Zöglingen dieses bunte Weltmosaik von frühester Jugend an geläufig zu machen, im Spiel so gut wie in der Erziehung. Der Generation vor 1870 mußte in langen Jahren der Reichsgedanke geläufig gemacht werden, ehe das Reich erstehen konnte. Die kommende Generation — die Generation, die die Weltpolitiker der Zukunft stellen soll, diese Generation muß von frühester Jugend an lernen, das Reich nicht anders als in seinem Verhältnis zum umgebenden Weltbild zu sehen. Man soll Vernünftiges auch von seinen Feinden lernen: Ich erinnere mich, einmal einen alten englischen Schulatlas gesehen zu haben. Jeder Länder- und Erdteilskarte war ein England im Maßstabe der betreffenden Karte gegenübergestellt. Unsere junge Generation muß lernen, Deutschland in dieser Weise zu sehen: stets vergleichend. Aus dieser Gewohnheit, aus der Gewohnheit des praktischen Überblicks über das Gesamtweltbild vom nationalen Standpunkte aus werden bedeutungslosere Sonderinteressen von selbst zusammenschrumpfen, Nichtigkeiten als solche erkannt, Wichtigkeiten in einem Sinne behandelt werden, die von vornherein die Außeninteressen des Reiches mit ins Auge fassen. Die Gesamtleistungsfähigkeit der Nation als solcher wird durch solchen Sporn bedeutend erhöht werden. Zweifelsohne können wir ohne eine solche internationale Schulung im nationalen Sinne recht gute und edle Menschen werden: ein Weltvolk werden wir ohne das nie!

Und Deutschland hat in diesen Kriegsmonaten gezeigt, daß es das Zeug zum Weltvolk hat. Mehr: daß es berufen zum Weltvolk ist. Nicht zum Weltvolk im imperialistischen Sinne Englands — in dem Sinne, die ganze Welt herrisch zu beherrschen. Ich glaube, die „Weltvölker" in diesem Sinne werden sich mit zunehmendem besseren Unterricht wohl überhaupt überleben, freier Wettbewerb wird mehr und mehr die Losung der Völker werden. Aber in dem Sinne, daß das Deutschtum nicht nur das Recht, sondern auch die Pflicht hat, seinen Platz im kommenden Rat der Völker einzunehmen — als Mitgestalter der neuen Weltgeschichte. Ich möchte nicht in den englischen Fehler verfallen, uns Deutsche für ein „auserwähltes Volk" zu halten. Aber Fähigkeiten enthalten Verpflichtungen. Und es hat sich in diesen harten Kriegsmonaten, vielleicht zu unserer eigenen Verblüffung gezeigt, auf wievielen Punkten wir anderen Völkern ebenbürtig und überlegen sind — es hät sich verblüffend gezeigt, wieviel von der ehemals schüchtern bewunderten ausländischen Größe morsch und verfault oder aber nichts als Bluff war. Es hat sich gezeigt, wie notwendig unsere gesicherte Existenz, weit über den bloßen Selbsterhaltungstrieb hinaus, für den Kontinent ist, England gegenüber — für Europa und die weiße Rasse anderen Erdteilen und Rassen gegenüber. Eine solche Erkenntnis verpflichtet. Deutschland, nicht als „die" Weltmacht, aber als eine der Weltmächte, ist nicht ein bloßer Egoismus, es ist eine gesunde Notwendigkeit — nicht nur für uns, sondern für Europa, als Gegengewicht gegen die halbasiatischen Mächte England und Rußland.

Die Stunde unseres Volkes hat geschlagen. Sie rauscht mit ungeheuerem Flügelschlage über uns dahin. Auch wir Frauen sollten ihre ganze und vollste Bedeutung erfassen und die Richtlinien der Zukunftsarbeit danach einstellen. In der besseren internationalen Schulung unseres Volkes im nationalen Sinne bietet sich ein Feld, das jede von uns beackern kann, auch jetzt schon, heute schon, auch schon, ohne noch politische Rechte zu haben.— die Verheiratete so gut wie die Unverheiratete, die Frau und Mutter so gut wie die Berufsfrau, die Demokratin so gut wie die Konservative. — Ich sagte zu Anfang, daß die politischen Rechte auch der Frauen untrennbar mit dem weiteren Fortschritt der Frauen verknüpft sind. Aber bis Frauen tatsächlich die vollen politischen Rechte bekommen, darüber mag aus denselben Ursachen noch etliche Zeit hingehen. Hier aber bietet sich der Frauenwelt die Möglichkeit eines unmittelbaren und starken Einflusses auf das politische Leben der Nation. Ein internationales Interesse der Frau im nationalen Sinne wirkt unfehlbar, automatisch auch auf Mann und Kind zurück. Oder glauben Sie, daß meinetwegen nach dem Kriege, auch wenn die großen Erregungen abgeebbt sind, ein Mann noch einmal wieder anfangen wird, umständlich und wichtig etwa über die mehr rechtse oder mehr linkse Färbung dieses oder jenes Parteimitgliedes zu kannegießern, wenn seine Frau sich zur gleichen Zeit an Hand von Welt- und Völkerkarte oder auch an Hand der Geschichte klar zu machen sucht, etwa warum Konstantinopel ein Angelpunkt der europäischen Politik gewesen ist? Und glauben Sie, die neuigkeitslüsterne Jugend würde gleichgültig an den bunten und reichen Bildern vorbeigehen, die sich der Mutter, der Erzieherin erschließen, wenn sie darüber nachdächte, etwa: Welches die Bedeutung der Bagdadbahn für uns war? Oder was das reiche Hinterland von Tsingtau für das Reich bedeutete — oder wo in der Welt wir unserem Handel einen ehrlichen und legitimen Ersatz dafür schaffen können und dergleichen? Glauben Sie nicht eher, daß namentlich die Jugend sich mit Feuereifer auf dies weite, bunte und lockende Feld stürzen wird?

Frauen sind im Durchschnitt konservativer als Männer. Und wenn man an die riesige Masse der Frauen denkt, die vor dem Kriege überhaupt noch zu keinerlei politischem Interesse erwacht waren, klingt das, was ich da sage, selbst wie eine Utopie. Aber es muß doch gesagt werden; und die Leistungen auch der Frauen in diesem Kriegsjahr berechtigen auch dazu.

Andere Zeiten — andere Aufgaben. Große Zeiten — große Aufgaben. Nach diesem ungeheueren Streit werden sich nur die kräftigsten, zielbewußtesten, bestunterrichteten und in sich selbst einigsten Völker dauernd durchsetzen. An die Aufgabe, die diese gewaltige Zeit uns Frauen stellt, kann wohl die Kraft einer

Generation gesetzt werden, und sei's auch unter zeitweiliger Hintansetzung aller persönlicher Wünsche. Die Aufgabe aber, die uns gestellt wird, ist die, uns selbst und die ganze heranwachsende Generation statt zu Utopien oder unfruchtbaren Haarspaltereien zielbewußt zum Verständnis deutscher Weltpolitik zu erziehen — zielbewußt den Nährboden zu schaffen, aus dem große Ideen und große Persönlichkeiten erwachsen. Je schärfer, je klarer wir diese Aufgabe erfassen, desto eher werden die Zeiten zurückkehren, da wir in einem freien und starken Vaterlande wieder unsere persönlichen Hoffnungen und Wünsche berücksichtigen können. Um so eher werden wir auch vom sicheren Boden politischer Macht aus für die lichten Ziele allgemeiner Menschheitsideale arbeiten dürfen! —

Vorgetragen am 11. März 1915 in Köln.

Deutsche Kriegsschriften

17. Heft

Der Wehrbeitrag der deutschen Frau

Von

Prof. Dr. A. Grotjahn
in Berlin

Preis 60 Pf.

Wer von der Kriegs- und Wehrleistung des Mannes spricht, denkt ohne weiteres zunächst an die pflichtgemäße Hingabe von Leben und Gesundheit, während die unzähligen anderen Leistungen an Arbeit, Geld, Zeit, Behagen, Lebensfreude, die zur Kriegszeit aufgebracht werden müssen, mit Recht in die zweite Linie gestellt werden. Spricht man jedoch von den Leistungen, die die Frau für Krieg und Wehrkraft darbringt, so denkt man umgekehrt zunächst an diese Nebendinge und nicht an jene lebensschaffende Hauptleistung, die allein der lebenlassenden des Mannes vollwertig entspricht; nämlich die Leistung einer Zahl von Geburten, die die Kriegsverluste ausgleicht und im Frieden einen Bevölkerungsauftrieb gewährleistet, der für den nationalen Aufstieg und für die Behauptung übertragender nationaler Geltung ganz unerläßlich ist. Auf die Wichtigkeit dieser Leistung, die in den Zeiten ständig sinkender Geburtenzahl nicht mehr wie früher als selbstverständlich angesehen werden kann, macht in der vorliegenden Broschüre **der bekannte Dozent für soziale Hygiene an der Universität Berlin, Prof. A. Grotjahn,** in eindringlichsten Worten aufmerksam. Er appelliert an den „Willen des Kindes“, der in jedem Elternhaus lebt, und empfiehlt, diesen Willen durch Einführung einer Elternschaftsversicherung, Gehaltsabstufung nach der Kinderzahl, Reform der Erbschaftsgesetzgebung u. a. m. rechtzeitig zu stärken; denn Wissen ist Macht, Geld ist Macht, Heeresgröße ist Macht, aber auch Geburtenüberschuß ist Macht, und nicht mehr die natürliche Fruchtbarkeit, sondern der Wille der Frauenwelt kann uns diese Macht erhalten.

Es ist unmöglich, mit wenigen Worten den Inhalt dieser gerade in der jetzigen Zeit so überaus wertvollen Schrift anzugeben. Jede deutsche Frau und jedes deutsche Mädchen, die an Patriotismus unseren Männern und Söhnen nicht nachstehen will, sollte das Heftchen lesen!

A. Marcus & E. Webers Verlag (Dr. jur. Albert Ahn) in Bonn

Kolibri 360 GmbH
Ferdinand-Jühlke-Straße 7
99095 Erfurt, Deutschland
produktsicherheit@kolibri360.de